Libro de Actividades de la
Pascua y los Panes sin Levadura

Libro de Actividades de Pascua y Panes Sin Levadura

Todos los derechos reservados. Al comprar este Libro de actividades, el comprador puede copiar las hojas de actividades solo para uso personal y en el aula, pero no para reventa comercial. Con la excepción de lo anterior, este Libro de actividades no puede reproducirse total o parcialmente de ninguna manera sin el permiso por escrito del editor.

Bible Pathway Adventures® es una marca registrada de BPA Publishing Ltd.
Defenders of the Faith® es una marca registrada de BPA Publishing Ltd.

ISBN: 978-1-989961-54-4

Autora: Pip Reid
Director Creativo: Curtis Reid
Editora: Aileen Nieto

Para obtener recursos bíblicos gratuitos y Paquetes para Maestros, incluyendo páginas para colorear, hojas de trabajo, exámenes y más, visite nuestro sitio web en:

www.biblepathwayadventures.com

◈◇ INTRODUCCIÓN ◇◈

Disfrute enseñándoles a sus hijos la fe Bíblica con nuestro *Libro de Actividades de Pascua y Panes Sin Levadura*. Este libro de actividades multinivel contiene una mezcla de cuestionarios, hojas de trabajo, actividades de escritura creativa, rompecabezas, ¡y más! El recurso perfecto para el Sabbat y las lecciones de la Escuela Dominical, así como para la educación en casa. Incluye referencias de las escrituras para una búsqueda fácil de los versículos de la Biblia, y una guía de respuestas para los educadores.

Bible Pathway Adventures ayuda a maestros y padres de familia a enseñar a los niños acerca de la Fe Bíblica de una manera creativa y divertida. Esto es posible mediante nuestros libros de cuentos ilustrados, paquetes para maestros, libros de actividades y actividades imprimibles. Todo está disponible para ser descargado en nuestro sitio web www.biblepathwayadventures.com

Gracias por comprar este Libro de Actividades y apoyar a nuestro ministerio. Cada libro comprado nos ayuda a continuar con nuestro trabajo proporcionando recursos y enseñanzas gratis de discipulado a familias y misiones en todas partes.

¡La búsqueda de la Verdad es más divertida que la Tradición!

◇◆ TABLA DE CONTENIDO ◆◇

Introducción 3
Este libro pertenece a… 6

Pascua y Fiesta de los Panes sin Levadura (Pesach y Chag HaMatzot)
Introducción: Los Tiempos Designados 7
Actividad del mapa: ¿Dónde está Egipto? 8
Hoja de trabajo: ¿Quién fue Moisés? 9
Hoja de trabajo: Decodifica los jeroglíficos 10
Cuestionario de la Biblia: Las diez plagas 11
Hoja de trabajo: Diez plagas de Egipto 12
Manualidad de la Biblia: Haz una rana de papel 13
Hoja de trabajo: La tierra de Gosén 14
Hoja de trabajo: La Fiesta de los Panes sin Levadura 15
Página para colorear: La Pascua 16
Crucigrama de la Biblia: La Pascua 17
Hoja de trabajo: La comida de Pascua 18
Hoja de trabajo: Aprende a dibujar una oveja 19
Hoja de trabajo: La comida de Pascua 20
Página para colorear: La Pascua 21
Hoja de trabajo: ¿Cuál es la palabra? 22
Hoja de trabajo: Fiesta de los Panes sin Levadura 23
Sopa de letras de la Biblia: Fiesta de los Panes sin Levadura 24
Receta: ¡Hagamos matzah! 25
Aprendamos hebreo: Chag HaMatzot 26
Página para colorear: Dejando Egipto 28
Hoja de trabajo: ¿Lo sabías? 29
Cuestionario de la Biblia: La Pascua y la Fiesta de los Panes sin Levadura 30
Copia del versículo de la Biblia: La Pascua 31
Página para colorear: Haz esto en mi memoria 32
Completa la imagen: La última comida de Yeshua 33
Sopa de letras de la Biblia: La última cena 34
Palabras desordenadas de la Biblia: Los discípulos 35
Hoja de trabajo: ¿Quiénes eran los zelotes? 36
Hoja de trabajo: ¿Lo sabías? 37

Completa la imagen: Jardín de Getsemaní	38
Hoja de trabajo: El árbol de olivo	39
Laberinto: Ante el Sanedrín	40
Hoja de trabajo: Los líderes religiosos	41
Pregunta y colorea: Yeshua ante Pilato	42
Cuestionario de la Biblia: Muerte en la estaca	43
Aprendamos hebreo: Pesach	44
Hoja de trabajo para colorear: Crucifixión	46
Hoja de trabajo: El cordero de Pascua	47
Hoja de trabajo: La Pascua	48
Hoja de trabajo: Gólgota	49
Escritura creativa: La crucifixión	50
Hoja de trabajo: Empareja las escrituras	51
Hoja de trabajo: En la tumba…	52
Página para colorear: En la tumba…	53

Manualidades y Proyectos
Manualidad de la Biblia: Haz un cordero con un plato de papel	55
Guía de respuestas	59
¡Descubre más Libros de Actividades!	62

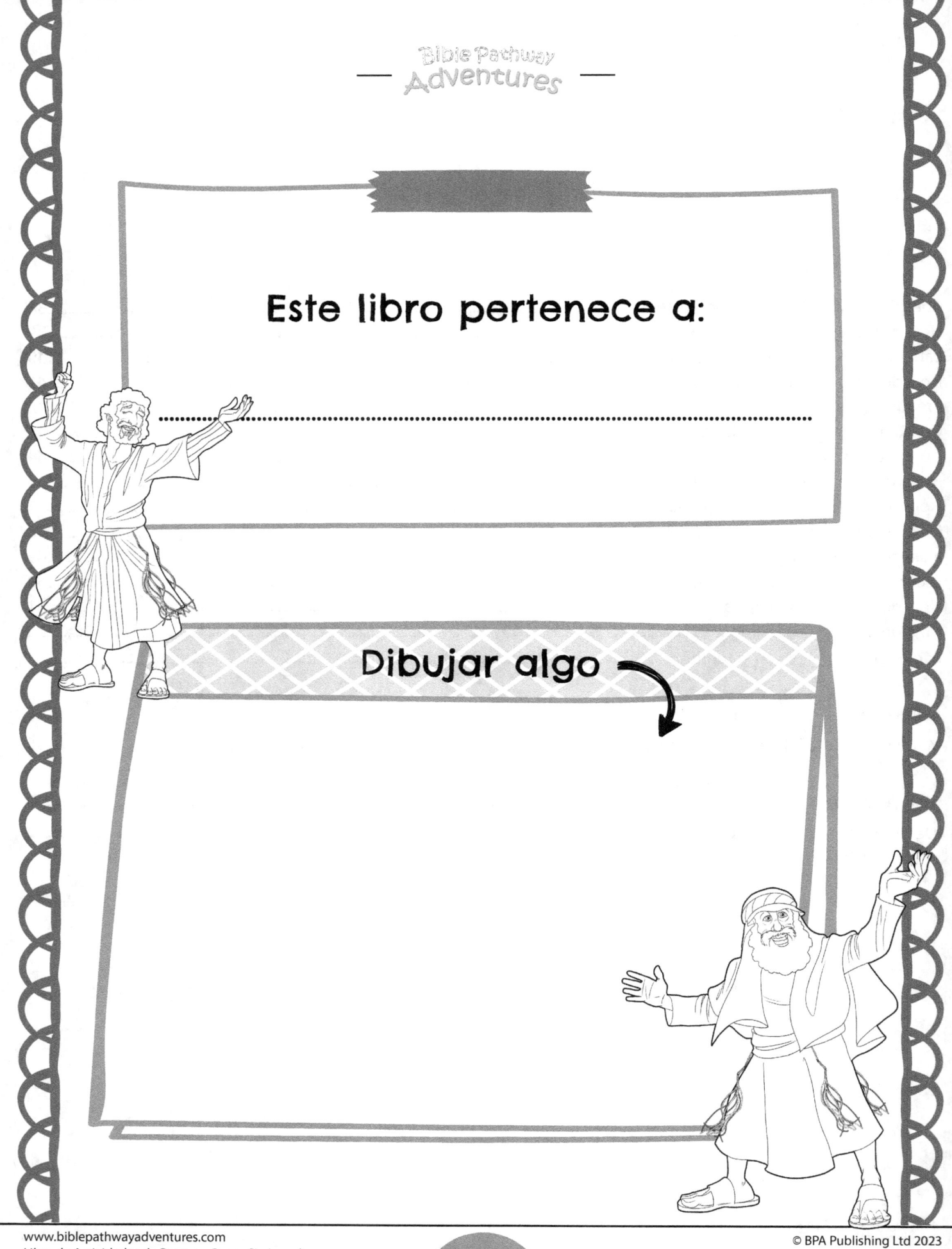

Este libro pertenece a:

Dibujar algo

Los Tiempos Designados

Yah sabía que los hijos de Israel aprendieron a adorar dioses falsos mientras fueron esclavos en la tierra de Egipto. "No vivan como viven los egipcios", les dijo. "Me desobedecen y adoran dioses falsos. Esto no es bueno. Moisés, enseña a la gente a celebrar Mis fiestas. Estos son Mis tiempos especiales de reunión y ensayos generales para Mi pueblo". En Su calendario bíblico, Yah apartó fechas especiales llamadas Tiempos Designados, para que la Casa de Israel los honre para siempre (Levítico 23). Todos Sus Tiempos Señalados hablan de la venida del Mesías y la esperanza y el plan de nuestra Salvación. *"Estas son las fiestas solemnes de Yah, las convocaciones santas, a las cuales convocaréis en sus tiempos"* (Levítico 23:4).

Las Fiestas de Primavera se cumplieron con la primera venida de Yeshua: la Fiesta de los Panes sin Levadura (incluida la cena de Pascua), la Fiesta de las Primicias y la Fiesta de Shavu'ot. Las Fiestas de Otoño se cumplirán con la segunda venida de Yeshua: el Día de las Trompetas, el Día de la Expiación, la Fiesta de los Tabernáculos y el Último Gran Día.

¿Crees que debemos honrar las Fiestas de Primavera?
¿Por qué sí / por qué no?

....

¿Cómo honras la comida de Pascua y la Fiesta de los Panes sin Levadura?

¿Lo sabías?

Yeshua cumplió literalmente la Pascua al día y la hora. Se convirtió en el cordero pascual profetizado que se enseña a lo largo del Tanakh (Antiguo Testamento).

¿Dónde está Egipto?

Sigue las instrucciones a continuación y marca los lugares en el mapa de África. ¡Es posible que necesites usar un atlas o Internet para encontrar las respuestas!

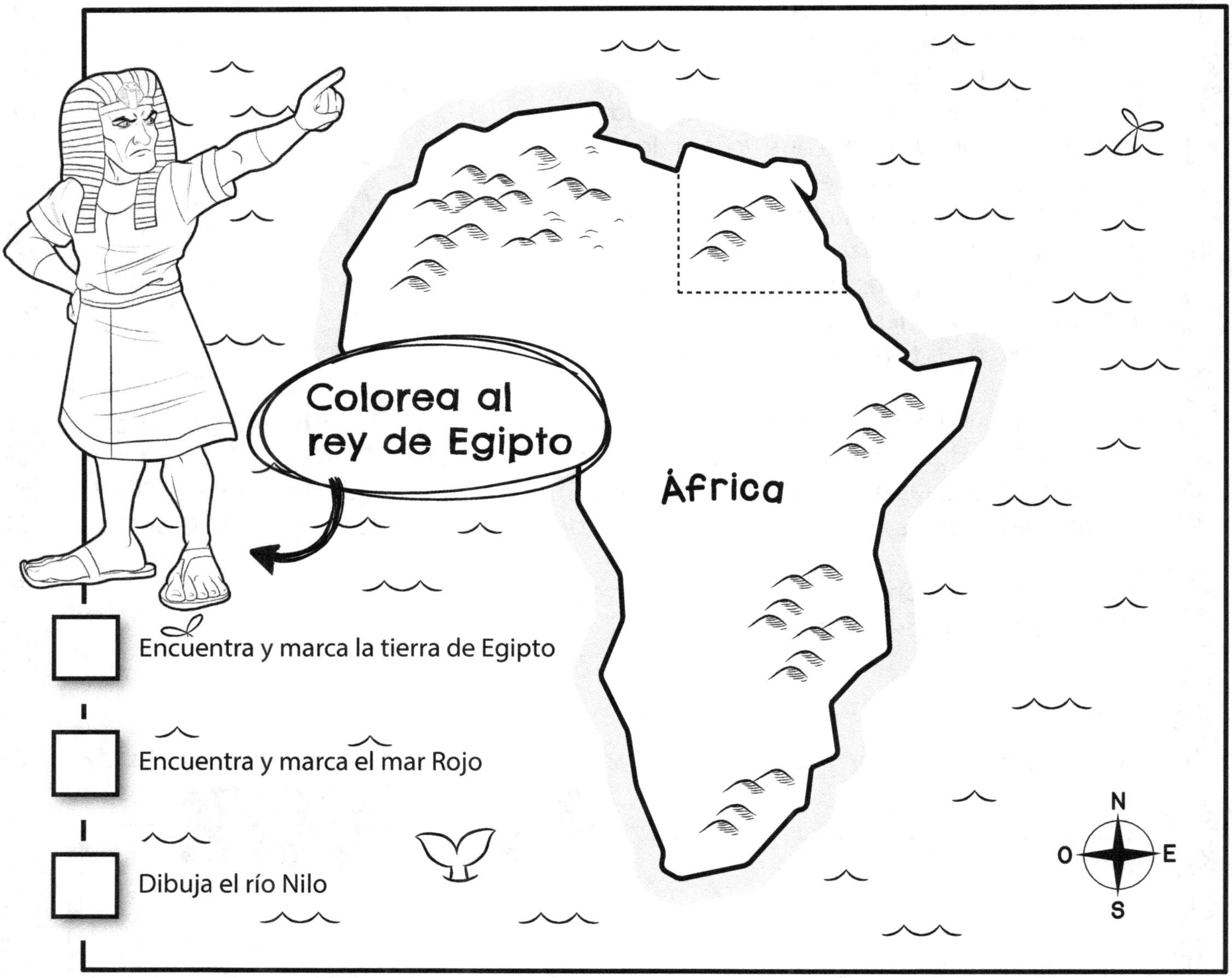

Colorea al rey de Egipto

África

☐ Encuentra y marca la tierra de Egipto

☐ Encuentra y marca el mar Rojo

☐ Dibuja el río Nilo

Nombra cuatro personajes de la Biblia que vivieron en Egipto:

.... , ... , ... , ...

¿Quién fue Moisés?

Lee Éxodo 2:1-7:6. Completa la siguiente hoja de trabajo.

¿Quién adoptó a Moisés?

....

¿Por qué Moisés huyó a la tierra de Madián?

....

....

Mientras Moisés vivía en la tierra de Madián, ¿qué hizo?

....

....

Yah envió a Moisés de regreso a la tierra de Egipto para:

....

....

¿Por qué Aarón habló por Moisés?

....

....

....

Decodifica los JEROGLÍFICOS

"Vinieron, pues, Moisés y Aarón a Faraón, e hicieron como Yah lo había mandado. Y echó Aarón su vara delante del faraón y de sus siervos, y se hizo culebra. Entonces llamó también el faraón a sabios y hechiceros, e hicieron también lo mismo los hechiceros de Egipto con sus encantamientos; pues echó cada uno su vara, las cuales se volvieron culebras; mas la vara de Aarón devoró las varas de ellos. Y el corazón del faraón se endureció, y no los escuchó, como Yah había dicho" (Éxodo 7:10-13).

¿A quién dijo Yah que sacaría de Egipto?
Usa el antiguo alfabeto egipcio para decodificar la respuesta.

_ _ _ _ _ _ _   _ _ _   _ _ _ _ _ _ _

✳ Lee Éxodo 7:14-9:35. ¿Dónde estaban los hebreos a salvo de las plagas? ¿Por qué crees que Yah siguió endureciendo el corazón del faraón?

Las diez PLAGAS

Lee Éxodo 7:14-13:16. Responde las siguientes preguntas.

1. ¿Cuál fue la primera plaga?
2. ¿Cuáles plagas pudieron copiar los magos egipcios?
3. ¿Cuál fue la cuarta plaga?
4. ¿En cuál plaga se usaron cenizas?
5. ¿Cuál fue la novena plaga?
6. ¿Cuál fue la última plaga?
7. ¿Cuántas plagas envió Yah a Egipto?
8. ¿Quién endureció el corazón del faraón para que no liberara a los hebreos?
9. ¿Los huesos de quién se llevó Moisés consigo cuando se fue de Egipto?
10. ¿Durante cuál Tiempo Designado (fiesta) los hebreos se fueron de Egipto?

Las diez plagas de Egipto

"Envió a Su siervo Moisés, y a Aarón, al cual escogió. Puso en ellos las palabras de Sus señales, y Sus prodigios en la tierra de Cam. Envió tinieblas que lo oscurecieron todo; no fueron rebeldes a Su palabra. Volvió sus aguas en sangre, y mató sus peces. Su tierra produjo ranas hasta en las cámaras de sus reyes. Habló, y vinieron enjambres de moscas, y piojos en todos sus términos. Les dio granizo por lluvia, y llamas de fuego en su tierra. Destrozó sus viñas y sus higueras, y quebró los árboles de su territorio. Habló, y vinieron langostas, y pulgón sin número; y comieron toda la hierba de su país, y devoraron el fruto de su tierra. Hirió de muerte a todos los primogénitos en su tierra, las primicias de toda su fuerza" (Salmos 105:26-36). Lee Éxodo 7:14-11:10. Escribe las diez plagas de Egipto en el orden correcto.

1. ....
2. ....
3. ....
4. ....
5. ....
6. ....
7. ....
8. ....
9. ....
10. ....

Haz una rana de papel

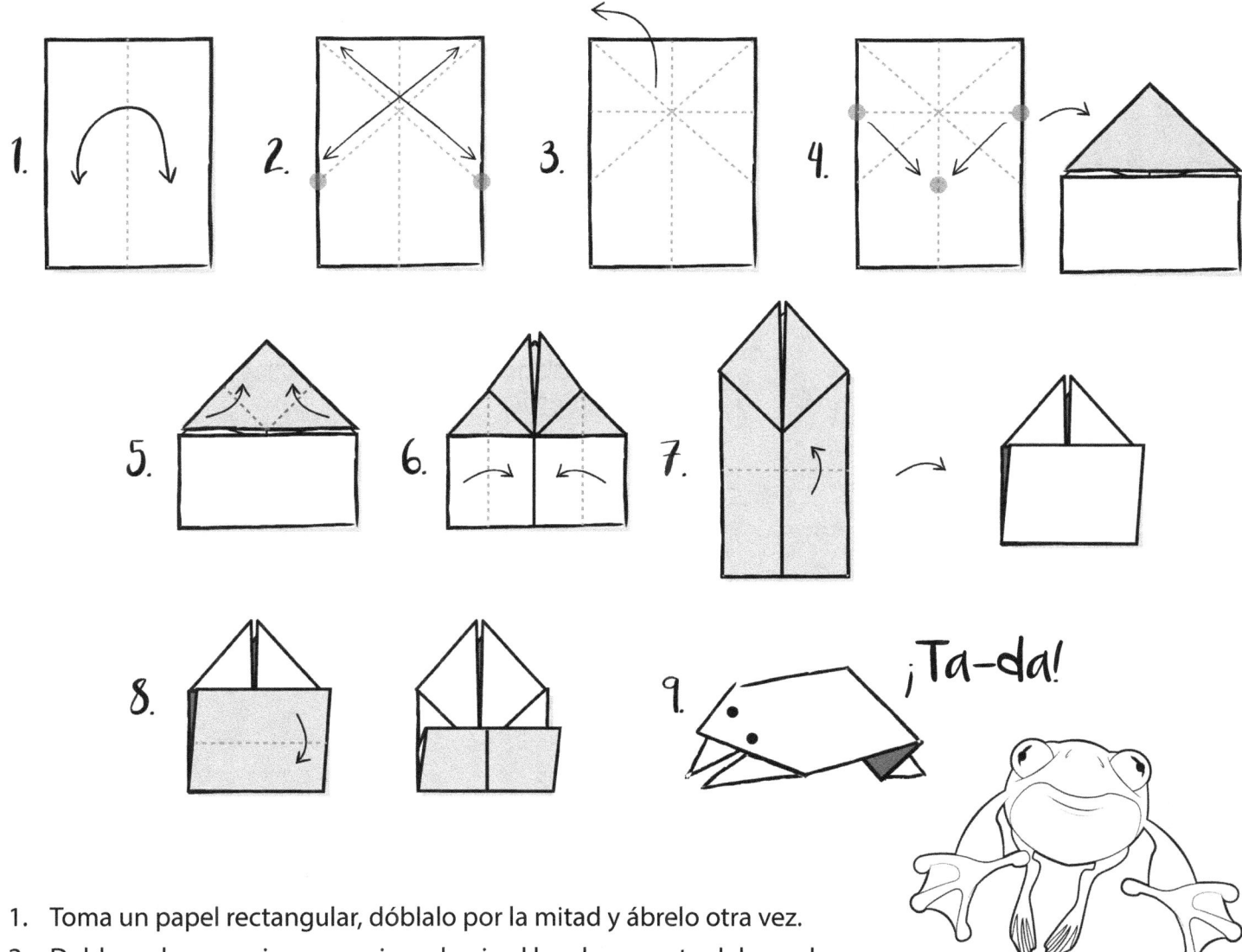

1. Toma un papel rectangular, dóblalo por la mitad y ábrelo otra vez.
2. Dobla ambas esquinas superiores hacia el borde opuesto del papel.
3. Donde los pliegues diagonales se unen en el medio, dobla el papel hacia atrás y abre.
4. Sostén el papel por los lados, luego lleva esas puntas hacia la línea del centro y aplana.
5. Dobla los triángulos superiores hacia arriba, hacia la punta superior.
6. Dobla los lados hacia el pliegue central.
7. Dobla la parte de abajo del papel hacia arriba para que la punta quede en el centro del diamante superior.
8. Dobla la misma parte hacia abajo, a la mitad.
9. Voltea. ¡Ta-da! Has hecho una rana de papel.

Tierra de Gosén

Durante las diez plagas de Egipto, Yah protegió a los hebreos en la tierra de Gosén. Lee Génesis 46-47 y Éxodo 8-9. Completa la siguiente hoja de trabajo.

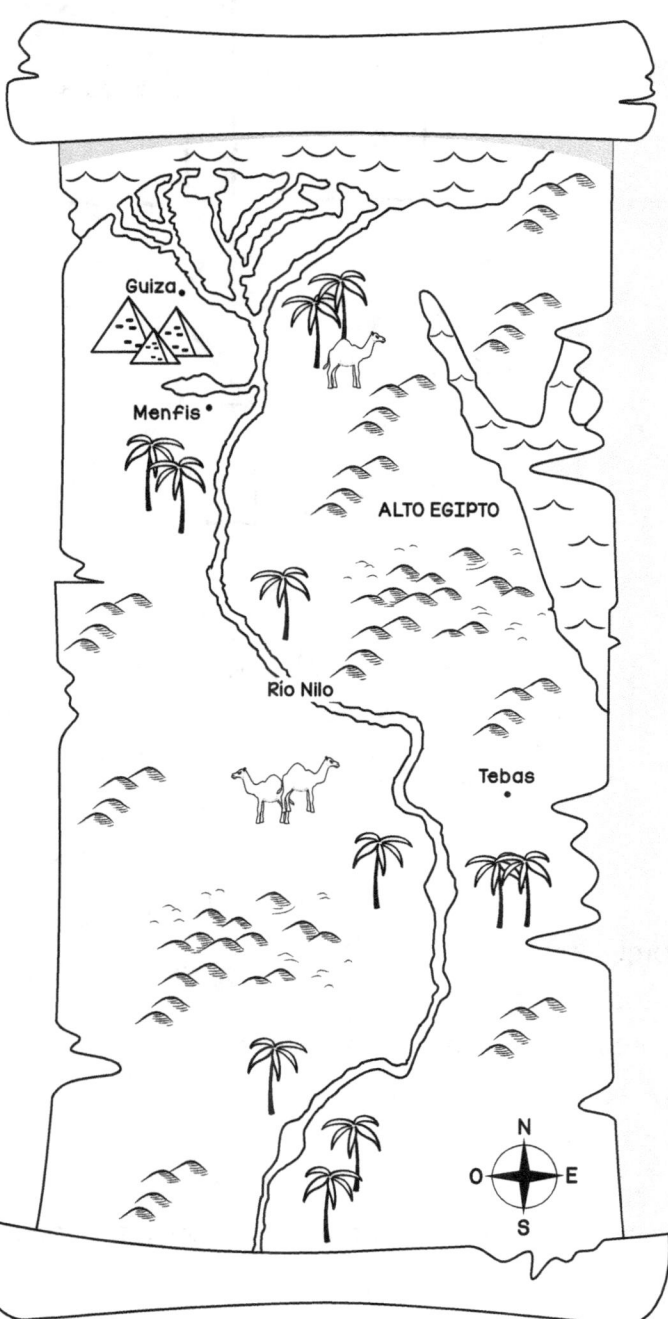

¿Dónde estaba la tierra de Gosén? Escríbelo en el mapa.

Lee Génesis 46. ¿Por qué los hebreos estaban viviendo en la tierra de Gosén?

....

....

....

¿Qué hicieron los hebreos en la tierra de Gosén?

....

....

Nombra tres versículos de la Biblia que mencionen la tierra de Gosén:

....

....

....

La Fiesta de los Panes sin Levadura

Los hijos de Israel, en su prisa por salir de la tierra de Egipto, no tuvieron tiempo de dejar leudar su masa. Por lo tanto, tomaron la masa cruda, se la llevaron sobre sus espaldas y, mientras viajaban por el desierto, se cocinó al sol. Como no contenía levadura, el pan se volvió duro y plano, lo que se conoce como matzah. Comer matzah cada año durante la Fiesta de los Panes sin Levadura sirve como un recordatorio de la salida apresurada de los israelitas de Egipto y cómo Yah los liberó de la esclavitud. Aunque habían sido liberados físicamente, todavía adoraban a los dioses falsos de Egipto y también tuvieron que aprender a irse espiritualmente.

El nombre hebreo para la Fiesta de los Panes sin Levadura es Chag HaMatzot. Comienza el día quince de Nisán (abril) con la cena de Pascua y dura siete días. Mucha gente piensa que esta fiesta es una celebración judía, pero la Biblia dice que es uno de los "Tiempos Designados" de Yah. La Pascua señala a Yeshua como nuestro cordero pascual, cuya sangre fue derramada por nuestros pecados. Yeshua fue crucificado el día de la preparación de la Pascua, a la misma hora en que los corderos estaban siendo sacrificados para la cena de la Pascua esa noche.

Lee Éxodo 12:1-28. ¿Cómo le dijo Yah al pueblo de Israel que honrara la Fiesta de los Panes sin Levadura?

La PASCUA

Lee Éxodo 12, Números 9 y Juan 19 (RV1960). Completa el siguiente crucigrama.

HORIZONTAL

6) "…y veré la _____ y pasaré de vosotros…". (Éxodo 12:13)
7) Una oveja joven.
9) El día catorce del mes al atardecer es la _____ de Yah.
10) "Porque estas cosas sucedieron para que se cumpliese la _____". (Juan 19:36)

VERTICAL

1) "No dejarán del animal sacrificado para la mañana, ni quebrarán _____ de él". (Números 9:12)
2) Los hebreos se fueron de Egipto durante este Tiempo Designado. (Éxodo 12:17)
3) "Por siete días no se hallará _____ en vuestras casas". (Éxodo 12:19)
4) ¿Quién lideró a los hebreos para salir de Egipto?
5) Nombre hebreo de Jesús.
8) Nombre del rey egipcio.

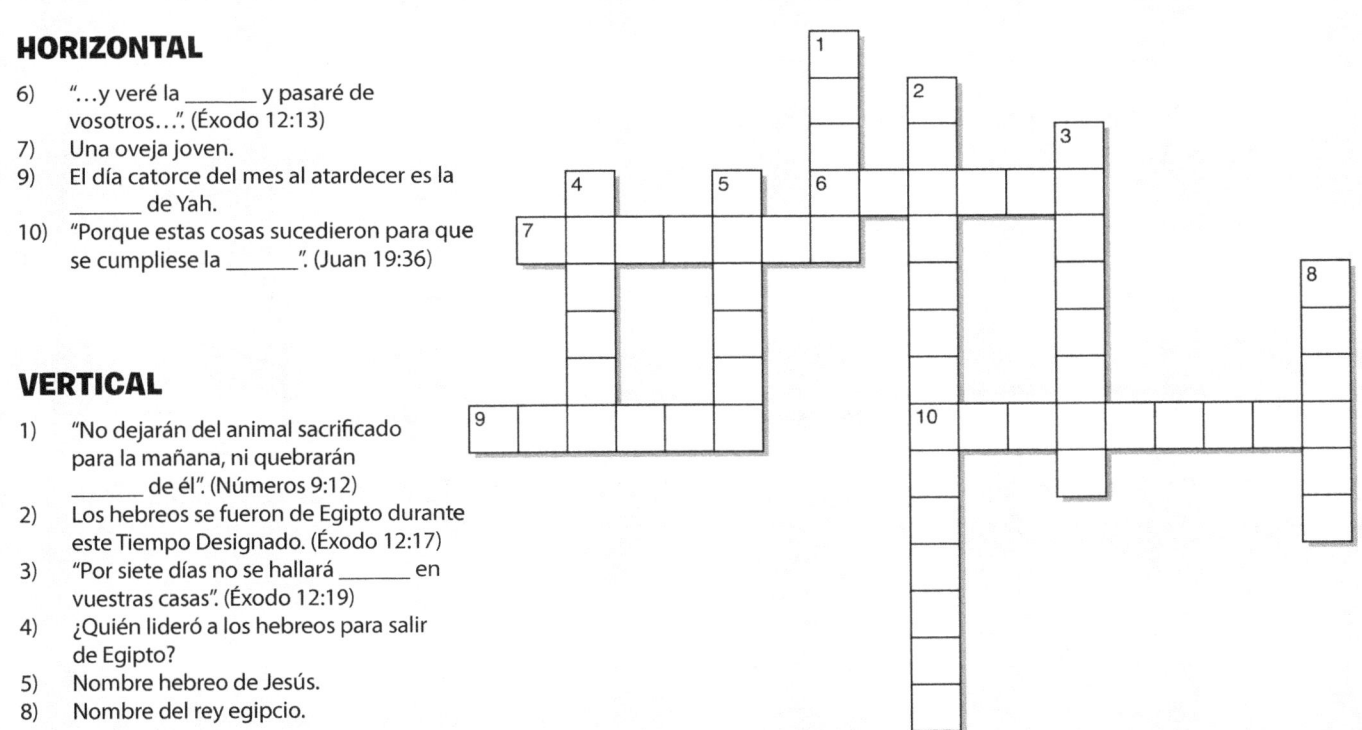

La comida de Pascua

Moisés siguió las instrucciones de Yah y le pidió al faraón que liberara a los esclavos hebreos. Cuando el faraón se negó e ignoró las nueve plagas que Yah ya había enviado, Yah decidió atacar a todos los primogénitos en la tierra de Egipto. Pero, primero, le advirtió a Moisés que para proteger a sus primogénitos, los hebreos debían marcar los dos postes y el dintel de sus casas con sangre de cordero. Después de que Yah sacó a los hebreos de Egipto, les pidió que honraran el Tiempo Señalado de los Panes sin Levadura cada año para recordar cómo los protegió de Su juicio sobre los egipcios (Levítico 23:4-8). La Fiesta de los Panes sin Levadura comienza el día catorce del mes hebreo de Nisán al atardecer, con una cena de Pascua. Hoy, los creyentes de Yeshua honran la cena de Pascua comiendo cordero y panes sin levadura para recordar la muerte del Mesías.

Lee Éxodo 12. ¿Cómo los hebreos se prepararon para la primera Pascua?

¿Tu familia come la comida de Pascua cada año? ¿Qué comen?

¿Qué tres cosas le dijo Yah a la congregación de Israel que comiera en la primera comida de Pascua?

1. ⬜⬜⬜⬜⬜⬜⬜

2. ⬜⬜⬜ ⬜⬜⬜ ⬜⬜⬜⬜⬜⬜⬜⬜

3. ⬜⬜⬜⬜⬜⬜⬜⬜ ⬜⬜⬜⬜⬜⬜

Aprende a dibujar una oveja

Durante la primera comida de Pascua en Egipto, los hebreos comieron cordero (una oveja joven), pan y hierbas amargas. Sigue los pasos 1 – 6 y dibuja tu propia oveja.

La Comida de Pascua

¿Qué comes en la comida de Pascua?
Dibuja la comida que comes en el plato de abajo.

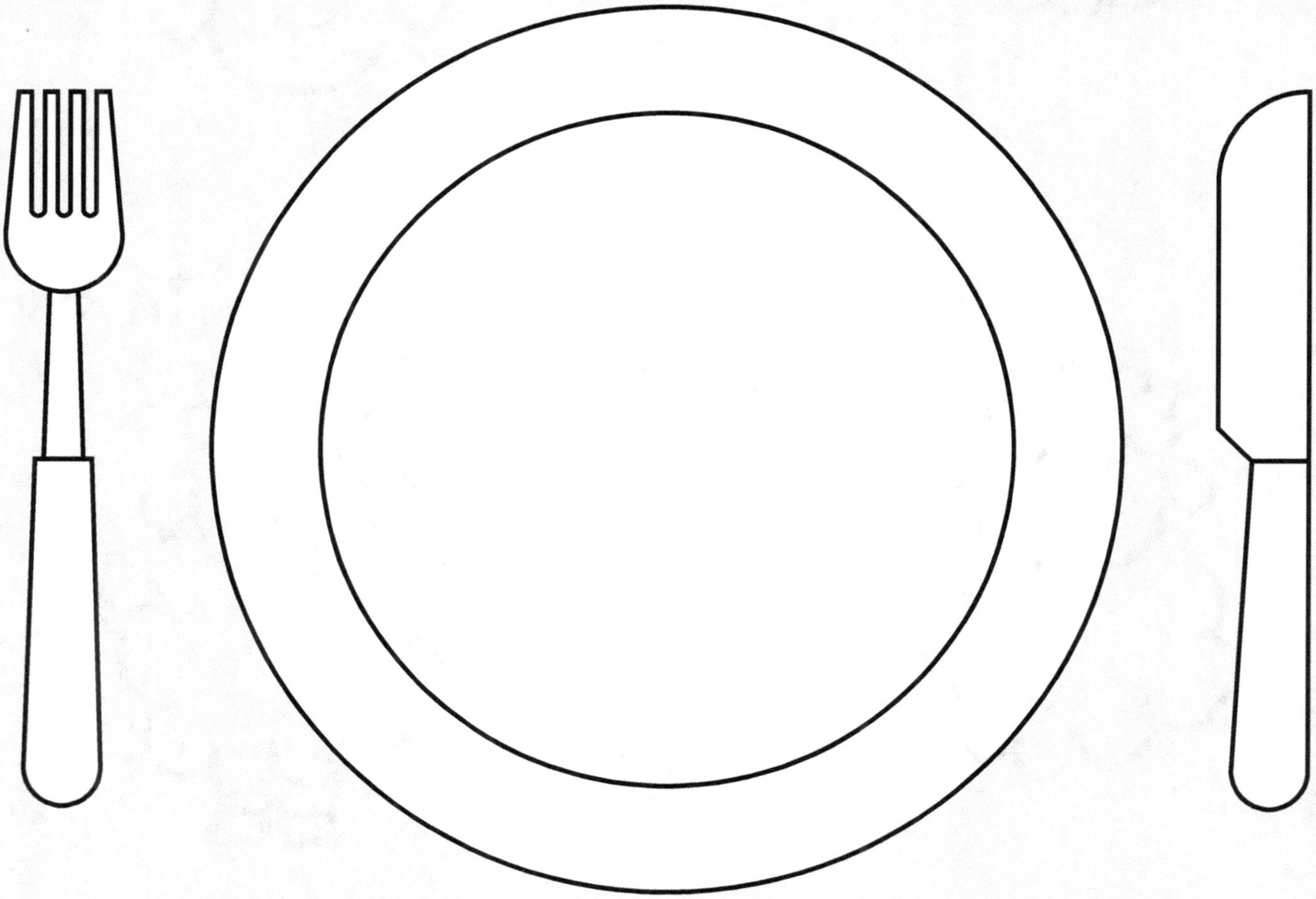

La Pascua

La congregación de Israel puso sangre en los dos postes y el dintel de sus casas para protegerse de la plaga final. Lee Éxodo 12:1-30. Dibuja sangre en los postes y el dintel. Colorea la imagen.

¿Cuál es la palabra?

Lee Éxodo 12:14-19 (RV1960). Usando las palabras de abajo, llena los espacios en blanco para completar el pasaje de la Biblia.

MEMORIA	YAH	PARA SIEMPRE	SIN LEVADURA
LEVADURA	ISRAEL	CONVOCACIÓN	TIEMPO DESIGNADO
EGIPTO	GENERACIONES	OBRA	GUARDARÉIS

"Y este día os será en ...., y lo celebraréis como fiesta solemne para .... durante vuestras generaciones; .... lo celebraréis. Siete días comeréis panes ....; y así el primer día haréis que no haya .... en vuestras casas; porque cualquiera que comiere leudado desde el primer día hasta el séptimo, será cortado de .... El primer día habrá santa ...., y asimismo en el séptimo día tendréis una santa convocación; ninguna .... se hará en ellos, excepto solamente que preparéis lo que cada cual haya de comer. Y guardaréis el .... de los panes sin levadura, porque en este mismo día saqué vuestras huestes de la tierra de Egipto; por tanto, ... este mandamiento en vuestras .... por costumbre perpetua. En el mes primero comeréis los panes sin levadura, desde el día catorce del mes por la tarde hasta el veintiuno del mes por la tarde."

Fiesta de los Panes sin Levadura

Si las diez plagas de Egipto fueran un libro, la portada se vería así...

Imagina que estabas en la multitud cuando Yeshua fue crucificado. ¿Qué le hubieras dicho?

....
....
....
....
....
....
....
....

¿En qué parte de la Biblia puedo encontrar instrucciones para honrar la Fiesta de los Panes sin Levadura?

....
....
....
....
....

Haz un dibujo de tu familia comiendo la comida de Pascua.

Fiesta de los Panes SIN LEVADURA

Lee Éxodo 12:1-20.
Encuentra y encierra en un círculo las siguientes palabras.

```
P S G W V U C B K C F P S B T
Y A A C G V I E N O K E I G I
C R N N C C U X X M S F E E E
A V M S G D D Y D I S L T N M
S T O T I R T V M D O S E E P
A H I F D N E C M A A Z D R O
T U S Y K S L Y G D Z V Í A D
P Y É N D A O E R E C U A C E
Z Y S S P N D P V P G P S I S
Q W C S U T O X T A T U L O I
W J Q X H O C P Z S D E D N G
C O R D E R O T D C F U F E N
C E G R X M W Z P U V N R S A
C A S A D E I S R A E L A D
T I E R R A D E E G I P T O O
```

SANTO
MOISÉS
SIETE DÍAS
CASA DE ISRAEL
SANGRE
TIERRA DE EGIPTO
CASA
CORDERO
PAN SIN LEVADURA
COMIDA DE PASCUA
GENERACIONES
TIEMPO DESIGNADO

¡Hagamos matzah!

INGREDIENTES

1 taza de harina todo uso
1/3 de taza de aceite vegetal
1/8 de cucharadita de sal
1/3 de taza de agua

MÉTODO

Forra una bandeja para hornear con papel encerado.

Mezcla la harina, el aceite y la sal en un tazón.

Añade agua y mezcla hasta que la masa esté suave.

Usando tus manos, forma seis bolas con la masa, colócalas sobre la bandeja para hornear y presiónalas para formar discos.

Hornea a 425°F (220°C) por 8-10 minutos o hasta que el pan esté cocido.

Chag HaMatzot

El nombre hebreo de la Fiesta de los Panes sin Levadura es Chag HaMatzot.
Esta fiesta honra el camino de los hijos de Israel para salir de Egipto.
Yah les pidió a los israelitas que comieran pan sin levadura durante siete días.

Chag HaMatzot

חַג הַמַצוֹת

Fiesta de los Panes sin Levadura

Traza las palabras hebreas aquí:

Escribe las palabras hebreas aquí:

¡Vamos a escribir!

Practica a escribir "Chag HaMatzot" en las líneas de abajo.

חג המצות

חג המצות

Inténtalo por tu cuenta.
Recuerda que el hebreo se lee de DERECHA a IZQUIERDA.

"*Moisés los sacó, habiendo hecho prodigios y señales en tierra de Egipto, y en el Mar Rojo, y en el desierto por cuarenta años.*"

(Hechos 7:36)

¿Lo sabías?

Cuando los hijos de Israel salieron de Egipto, se llevaron consigo joyas de oro y plata de los egipcios y ropa. "Yah sacó a los israelitas cargados de oro y plata, y no hubo entre sus tribus nadie que tropezara" (Salmos 105:37).

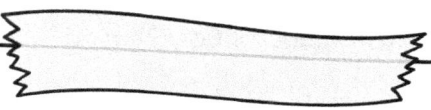

Lee Éxodo 12:33-36. ¿Por qué crees que los egipcios les dieron a los hijos de Israel sus joyas de oro y plata? Dibuja una escena de este pasaje de la Biblia.

La Pascua y la Fiesta de los Panes SIN LEVADURA

Lee Éxodo 13, 2 Crónicas 30 y 35, Juan 6, Hechos 20 y 1 Corintios 5 y 15. Responde las siguientes preguntas.

1. ¿Qué fiesta Pablo motivó a la gente a honrar en 1 Cor 5?

2. ¿Qué tipo de pan los hebreos llevaron consigo cuando se fueron de Egipto?

3. ¿Cuánto tiempo dura la Fiesta de los Panes sin Levadura?

4. ¿Al comienzo de qué fiesta se realiza la comida de Pascua?

5. ¿Por cuánto tiempo se les dijo a los israelitas que honraran la comida de Pascua?

6. ¿Qué rey israelita honró esta fiesta en 2 Crónicas 30?

7. ¿En qué ciudad Josías honró esta fiesta?

8. Después de la Fiesta de los Panes sin Levadura, ¿a dónde navegó Pablo en Hechos 20:6?

9. ¿A cuántos hombres alimentó Yeshua antes de la Fiesta de los Panes sin Levadura? (Juan 6)

10. ¿Durante qué Tiempo Designado de la Fiesta de los Panes sin Levadura resucitó Yeshua de la tumba?

El cordero de Pascua

Abre tu Biblia en 1 Corintios 5:7. Copia la escritura en las líneas proporcionadas. Usa tu imaginación para colorear la ilustración en la parte de debajo de la página.

"**Este es mi cuerpo, que por vosotros es dado; haced esto en memoria de Mí.**"

(Lucas 22:19)

La última comida de Yeshua

Antes de que Yeshua fuera crucificado, comió con Sus discípulos en un aposento alto en Jerusalén. Dibuja una escena de esta historia para completar la imagen.

La última CENA

Lee Mateo 26:17-29; Marcos 14:12-25; Lucas 22:7-38 y 1 Corintios 11:23-25. Encuentra y encierra en un círculo las siguientes palabras.

```
M P O P D G Z B B M G V L P P
A A O A B P S T R R F H Q W E
O C N I D V A I E Z D I F D S
E S C D S G N N R C A L X P C
D A U E A B G J E T Y J W E R
J N E A I M O K W H E D K V I
U G R G N L I D E Z S V J R T
S R P Y L L I E L E H E P E U
U E O Z M V B N W U F M I R
D C H J N J I G F T A N Z N A
U I V E W Y W F B B O U A O P
D I S C Í P U L O S M U M Y X
A A P O S E N T O A L T O Z U
X J E R U S A L É N N V R Z L
P K U Z T R A I C I O N A R H
```

AMOR
REINO
SANGRE
PAN
ESCRITURA
APOSENTO ALTO
CUERPO
TRAICIONAR
JERUSALÉN
DISCÍPULOS
YESHUA
MANDAMIENTO

Yeshua eligió 12 discípulos, a los que también designó como apóstoles (Lucas 6:13-16). Ordena las palabras para ver los nombres de los 12 discípulos.

¡LOS DISCÍPULOS!

doPre	....	toeaM	....
dérnAs	....	somTá	....
Staniago	....	aSantogi (johi ed feoAl)	....
aJun	....	dasJu Taode	....
pieFel	....	iSnóm	....
Batrméloo	....	Jusad iastseloc	....

✳ Lee sobre la última cena en Mateo 26, Marcos 14, Lucas 22 y Juan 13.

¿Quiénes eran los zelotes?

¿Por qué Judas traicionó a Yeshua y Pedro lo negó? Algunos historiadores argumentan que ambos hombres eran zelotes, miembros de un movimiento político del primer siglo entre los judíos que querían derrocar al gobierno romano de ocupación. Creían que si el pueblo de Israel se volvía a Dios y comenzaba la guerra contra los romanos, el Mesías se levantaría y establecería Su Reino. No creían que el Salvador sería divino; estaban buscando un Salvador como el rey David que lideraría una revolución.

Según el historiador judío Josefo, "los zelotes están de acuerdo en todo lo demás con las nociones farisaicas; pero tienen un apego inviolable a la libertad y dicen que Dios debe ser su único Gobernante y Señor" (Antigüedades 18.1.6).

Inicialmente, las enseñanzas de Yeshua pueden haber interesado a los zelotes. Parecían encajar en su idea de un Mesías que devolvería el pueblo hebreo a Dios. Sus milagros y curaciones solo aumentaron esta percepción. Pero cuando Yeshua comenzó a enseñar a Sus discípulos que moriría, los zelotes como Pedro y Judas se preocuparon de que las referencias de Yeshua al reino fueran diferentes a sus propias ideas.

¿Qué opinas? ¿Fueron Pedro y Judas zelotes? ¿Por qué sí / por qué no?

....

....

....

Algunos estudiosos de la Biblia creen que Judas traicionó a Yeshua porque estaba decepcionado de que Yeshua no hubiera derrocado a los gobernantes romanos. Judas creía que al orquestar el arresto de Yeshua, podría forzar a Yeshua a revelarse como el próximo rey de Israel. No entendió las Escrituras que mostraban que Yeshua vendría como un siervo sufriente (Isaías 53). Cuando Yeshua regrese, vendrá como el León de la tribu de Judá (Apocalipsis 5:5).

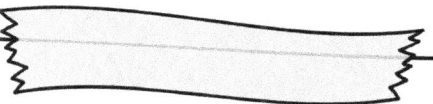

"He aquí que el León de la tribu de Judá, la raíz de David, ha vencido…" (Apocalipsis 5:5).

Jardín de Getsemaní

Yeshua oró en el jardín de Getsemaní. Mientras oraba, tres de sus discípulos (Pedro, Santiago y Juan) se durmieron. Dibuja a Yeshua y los discípulos en el jardín.

El árbol de olivo

Después de que Yeshua comió con Sus discípulos, los llevó a un lugar lleno de árboles de olivo, llamado Getsemaní. La palabra "Getsemaní" se deriva de dos palabras hebreas: gat, que significa "presionar o triturar" y shemen, que significa aceite. El aceite de oliva era una parte importante de la cultura israelita. Las aceitunas se cosechaban a mano o golpeando la fruta de los árboles y luego se trituraban con una prensa para hacer aceite. El aceite de oliva se usaba en la cocina, la comida, como combustible para el alumbrado, en la medicina y para ungir a los reyes.

Discutan por qué Yeshua visitó Getsemaní con Sus discípulos.

¿Por qué crees que se les hizo difícil a Pedro, Santiago y Juan mantenerse despiertos?

....

....

....

¿Por qué crees que Yeshua les advirtió a Sus discípulos que no cayeran en la tentación? (Mateo 26)

....

....

....

....

....

....

....

Ante el Sanedrín

Antes de la crucifixión de Yeshua, en el Sanedrín, compuesto por 71 miembros, entre ellos el sumo sacerdote Caifás y otras figuras religiosas, lo sometieron a juicio (Mateo 26). Ayuda a los guardias del templo a llevar a Yeshua al Sanedrín.

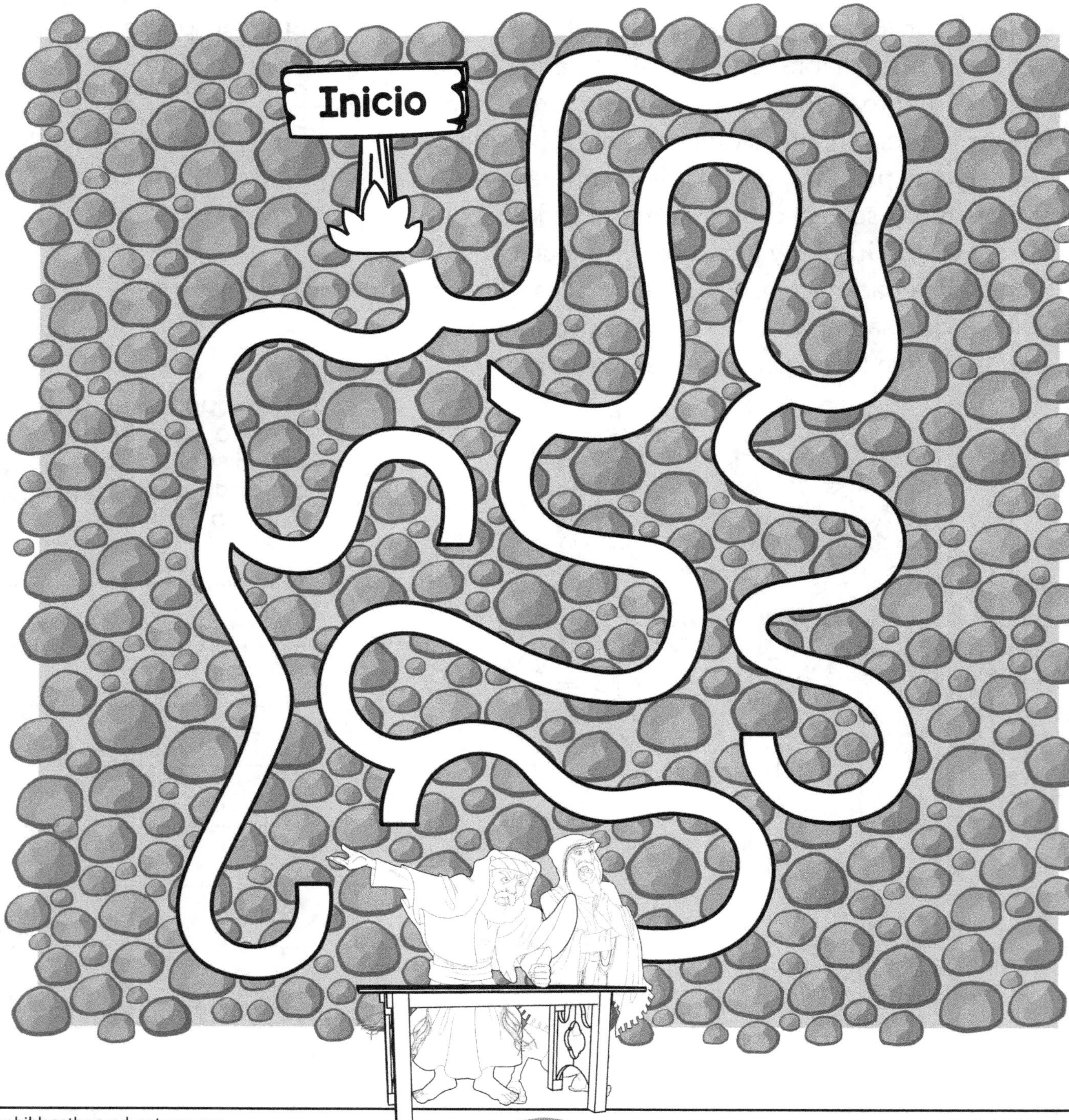

Los líderes religiosos

Judas acudió a los principales sacerdotes y discutió con ellos cómo podría traicionar a Yeshua (Lucas 22:4). En la Judea del primer siglo, los líderes religiosos en el templo de Jerusalén eran hombres importantes y poderosos. Tenían un alto grado de poder e influencia en la sociedad; no solo hacían las reglas sobre la vida religiosa del pueblo hebreo, sino que también eran gobernantes y jueces. El Sanedrín (consejo judío) estaba compuesto por 71 líderes religiosos, con el sumo sacerdote como presidente. En la época de Yeshua, el Sanedrín se reunía en el templo diariamente, excluyendo las fiestas y el Sabbat.

Los líderes religiosos a menudo vivían en gran lujo debido a los impuestos del templo que se le imponía a la gente. Esto, combinado con los impuestos de Herodes y Roma, creó una inmensa presión sobre los hebreos, dejando a muchos en la pobreza extrema. Anhelaban un Salvador que derrocara al Imperio Romano y restaurara al legítimo Rey de Israel. El Sanedrín existió desde el siglo II a.C. hasta el siglo V d.C., cuando finalmente fue disuelto por los romanos.

1. ¿Por qué los líderes religiosos eran tan poderosos?

2. ¿Por qué crees que el pueblo hebreo esperaba con ansias un Salvador?

¡Colorea al líder religioso!

Yeshua ante Pilato

Abre tu Biblia y lee Mateo 27.
Responde las preguntas. Colorea la imagen.

1. ¿Cómo respondió Yeshua a las preguntas de Pilato?

   ....
   ....
   ....

2. ¿Quién envió un mensaje a Pilato?

   ....
   ....
   ....

3. ¿A quién entregó Pilato para que fuera crucificado?

   ....
   ....
   ....

Muerte en la ESTACA

Lee Mateo 27:32-56. Responde las siguientes preguntas.

1. ¿Quién sentenció a Yeshua a morir?
2. ¿Quién fue forzado a llevar el travesaño de Yeshua por las calles de Jerusalén?
3. ¿En qué lugar Yeshua fue clavado a la estaca?
4. ¿Qué estaba escrito en el letrero sobre la cabeza de Yeshua?
5. ¿Qué gritó Yeshua cuando estaba siendo clavado en la estaca?
6. ¿Quiénes fueron crucificados junto a Yeshua?
7. Después de que Yeshua muriera, ¿por cuánto tiempo la oscuridad cubrió la tierra?
8. ¿Quién le pidió a Pilato el cuerpo de Yeshua?
9. ¿Qué usó el soldado romano para perforar el costado de Yeshua?
10. ¿En qué se envolvió a Yeshua antes de que fuera sepultado?

Pesach

El nombre hebreo de Pascua es Pesach. Antes de que la congregación de Israel saliera de la tierra de Egipto, comieron cordero, panes sin levadura y hierbas amargas. Yah pidió a los israelitas que honraran este Tiempo Designado para siempre (Éxodo 12:14).

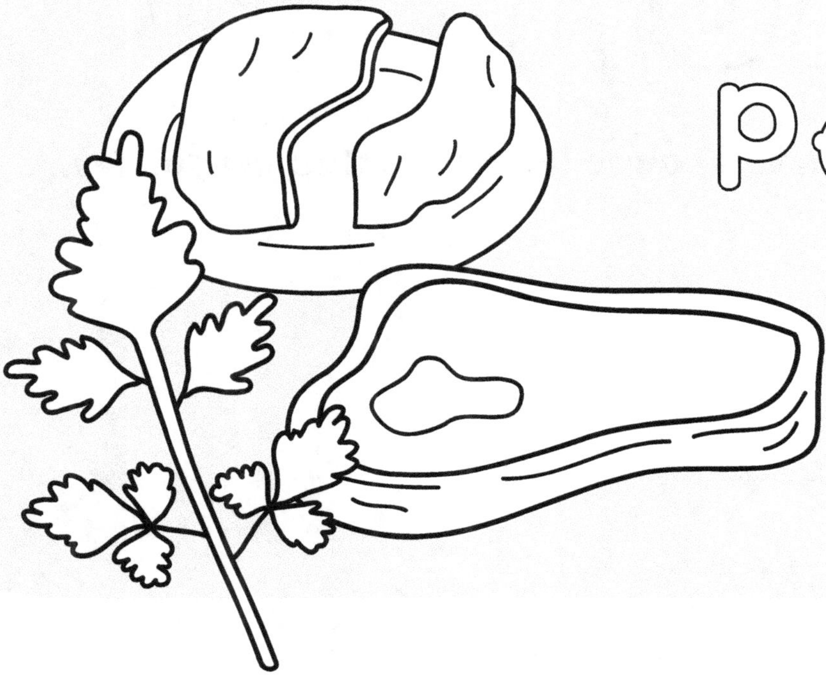

pesach

פֶּסַח

Pascua

Traza la palabra hebrea aquí:

פסח

פסח

Escribe la palabra hebrea aquí:

¡Vamos a escribir!

Practica a escribir "Pesach" en las líneas de abajo.

פסח

פסח

Inténtalo por tu cuenta.
Recuerda que el hebreo se lee de DERECHA a IZQUIERDA

Crucifixión

Lee Mateo 27:50-52 y escribe los versos de la Biblia a continuación.

....

....

....

1. ¿Qué se rasgó en dos cuando Yeshua entregó Su espíritu?

....

....

2. ¿Qué sacudió la ciudad después de la muerte de Yeshua?

....

....

3. ¿Quién dijo: "¡Ciertamente Él era el Hijo de Dios!"?

....

....

Dibuja una escena de la historia de la crucifixión.

¿Qué puede enseñarme la vida de Yeshua?	Yeshua murió porque...

El cordero de Pascua

Cuando Israel tenía un templo, además del cordero sin mancha para cada familia, el sumo sacerdote elegía un cordero para morir por el pecado de la nación. Cuatro días antes de la Pascua (10 de Nisán), este cordero era conducido en una gran procesión desde Betania hasta el templo. Durante la procesión, el pueblo agitaba palmas y cantaba salmos. Yeshua entró cabalgando a Jerusalén al templo el mismo día de la procesión del cordero escogido para morir por el pecado de la nación. Al hacer esto, se convirtió en "el Cordero de Yah que quita el pecado del mundo" (Juan 1:29), cumpliendo las antiguas profecías de la venida del Mesías.

Así como el cordero pascual fue examinado durante cuatro días antes de la Pascua, los líderes religiosos examinaron a Yeshua en el templo durante cuatro días antes de la Pascua. Yeshua fue preparado para el sacrificio y golpeado en la mañana del Día de la Preparación (víspera de la Pascua), así como los corderos fueron preparados en el templo en el Día de la Preparación. Yeshua fue inmolado al mismo tiempo que los corderos sin mancha fueron inmolados en la víspera de la Pascua. Según la Biblia, los corderos pascuales tenían que ser sacrificados "entre las tardes" (Éxodo 12:6). Yeshua entregó Su espíritu en el momento exacto en que se sacrificaron los corderos: la hora novena. "Entre las tardes" y "la hora novena" se basan en la forma en que los sacerdotes del templo calculaban el tiempo. Ambos se refieren a la misma hora: las tres de la tarde.

1. ¿Por qué crees que Yeshua eligió cabalgar sobre un burro joven para entrar a Jerusalén?

2. Investiga sobre la Fiesta de los Panes sin Levadura en la época de Yeshua. ¿Cuántos israelitas fueron a Jerusalén para honrar este Tiempo Designado?

3. Lee Juan 1:29, Juan 1:36, Juan 19:33, Juan 19:36, 1 Corintios 5:7-8 y 1 Pedro 1:19. ¿Fue Yeshua el cordero pascual? ¿Por qué sí / por qué no?

La Pascua

Lee Éxodo 12, Mateo 26 y Juan 18. Discute cómo las imágenes se relacionan con la historia de la Pascua y la crucifixión de Yeshua. Empareja cada palabra con la imagen correcta.

pan   horno   árbol de olivo

puerta   sumo sacerdote   corona

Gólgota

Haz un dibujo de la escena de la crucifixión en Gólgota.

Imagina que eres Judas. ¿Qué les hubieras dicho a los líderes religiosos al devolverles el dinero?

....
....
....
....
....
....
....
....

Termina esta oración: Yeshua murió para…

....
....
....
....
....
....
....

Dibuja un soldado romano en Gólgota.

La crucifixión

Lee Mateo 27. Imagina que estabas en Jerusalén en el momento de la crucifixión de Yeshua. Describe el día en que Yeshua fue crucificado.

Empareja las escrituras

Lee Lucas 23, Mateo 26 y Juan 19. Empareja el versículo de la Biblia con la escritura correcta para saber sobre el día de la crucifixión de Yeshua.

"Padre, perdónalos, porque no saben lo que hacen". — Juan 19:6

"Te conjuro por el Dios viviente, que nos digas si eres tú el Cristo, el Hijo de Dios". — Mateo 26:72

"Tomadle vosotros, y crucificadle; porque yo no hallo delito en él". — Mateo 26:63

"No conozco al hombre". — Lucas 23:34

En la tumba

Un discípulo secreto de Yeshua llamado José se apresuró a ver a Pilato. José era miembro del consejo religioso judío llamado Sanedrín. Él no había estado de acuerdo con su decisión de ejecutar a este hombre. Armándose de valor, le pidió a Pilato el cuerpo de Yeshua. Pilato se sorprendió al saber que Él ya había muerto. "¿Es esto cierto?", preguntó a sus soldados. "Los hombres crucificados suelen tardar mucho más en morir". Al enterarse Pilato de que así era, ordenó bajar el cuerpo de la cruz y entregárselo a José.

Con la ayuda de su amigo Nicodemo, José envolvió cuidadosamente el cuerpo con una sábana blanca y lo colocó en su propia tumba nueva excavada en roca sólida. Frente a la tumba, las mujeres que habían venido de Galilea vigilaban ver dónde era puesto el cuerpo de Yeshua. Luego se apresuraron a entrar en la ciudad para preparar especias aromáticas y perfume para Su cuerpo. Justo antes de que el sol comenzara a ponerse, José y Nicodemo hicieron rodar una gran piedra frente a la tumba para que nadie pudiera entrar o salir. Al mismo tiempo, el cielo sobre Jerusalén se llenó del humo de los hornos que asaban miles de corderos pascuales. La gente se reunió para comer el cordero y recordar cómo Yah había ayudado a los israelitas a escapar de la esclavitud en Egipto.

1. ¿Quién fue Pilato?
2. ¿Por qué crees que José era un discípulo secreto de Yeshua?
3. El entierro de Yeshua cumplió la Escritura. ¿Qué escritura?

"José envolvió a Yeshua en una tela de lino y lo puso en una tumba que fue tallada en piedra."

Manualidades y Proyectos

Haz un cordero con un plato de papel

Necesitarás:
1. Platos de papel
2. Motas de algodón blanco
3. Cartulina de color negro
4. Ojos de animales de manualidades
5. Pegamento escolar

Preparación:
Recorta la cara, patas y orejas de cordero con las plantillas de la siguiente página.

Instrucciones:

1. Cubre un plato de papel con pegamento escolar.
2. Cubre el pegamento escolar con motas de algodón blanco.
3. Ayuda al niño a ensamblar la cara de la oveja usando las piezas de plantilla de la oveja y los ojos de manualidades.
4. 4. Pega la cabeza y las patas de la oveja al cuerpo de algodón.

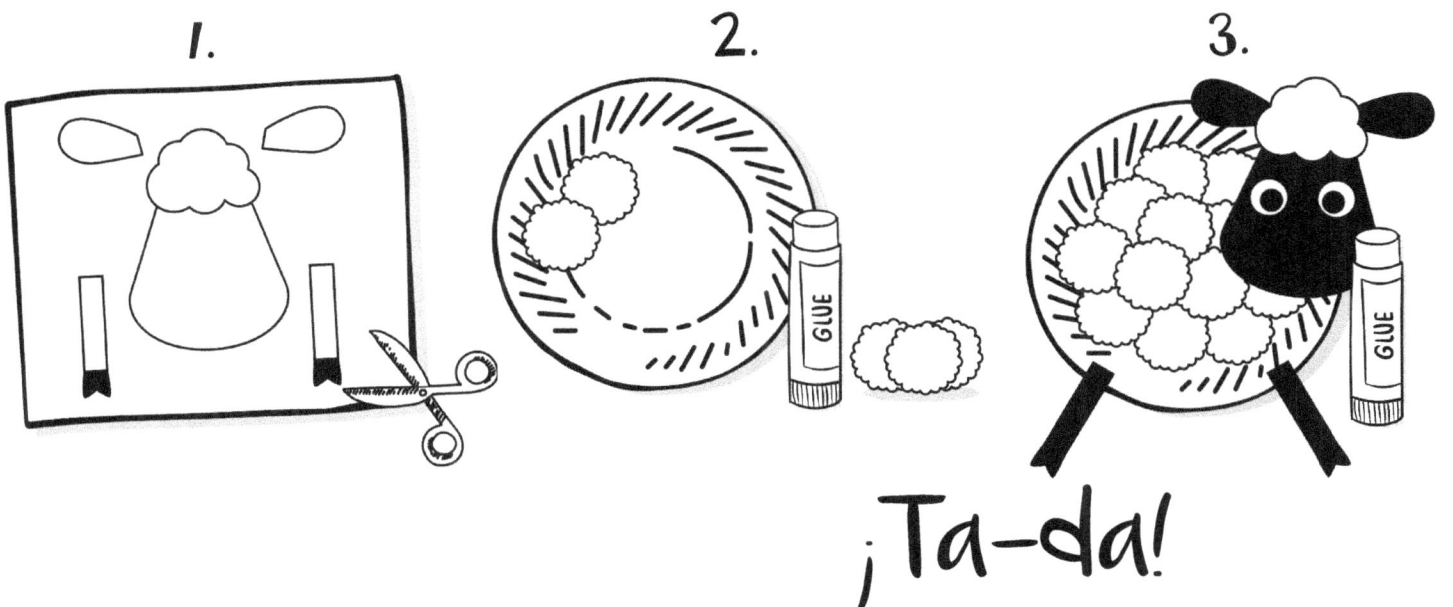

¡Ta-da!

GUÍA DE RESPUESTAS

La Pascua y la Fiesta de los Panes sin Levadura (Pesach y Chag HaMatzot)

Hoja de trabajo: ¿Quién era Moisés?
1. La hija del faraón adoptó a Moisés
2. Moisés huyó a la tierra de Madián porque tenía miedo de que el faraón lo matara
3. Moisés era un pastor en la tierra de Madián
4. Yah envió a Moisés de regreso a Egipto para liberar a los hebreos
5. Aarón habló por Moisés porque Moisés no podía hablar bien en público

Cuestionario de la Biblia: Las diez plagas
1. El agua se convirtió en sangre
2. Convertir el agua en sangre y las ranas
3. Moscas
4. Úlceras
5. Oscuridad
6. Muerte de los primogénitos
7. Yah envió diez plagas a Egipto
8. Yah
9. Moisés se llevó los huesos de José cuando se fue de Egipto
10. Los hebreos se fueron de Egipto durante la Fiesta de los Panes sin Levadura

Hoja de trabajo: Diez plagas de Egipto
1. Agua se tornó sangre
2. Ranas
3. Piojos
4. Moscas
5. Muerte del ganado
6. Úlceras
7. Granizo
8. Langostas
9. Oscuridad
10. Muerte de los primogénitos

Hoja de trabajo: Tierra de Gosén
1. La tierra de Gosén estaba en el norte de Egipto
2. Los israelitas llegaron a vivir en Egipto, en la tierra de Gosén, cuando José era el gobernador de Egipto (Génesis 45-46)
3. Al principio, los hebreos eran pastores en la tierra de Gosén. Después, fueron forzados a elaborar ladrillos y construir ciudades
4. Entre los versículos de la Biblia están: Génesis 46:28, 47:1, Éxodo 8:22, 9:26

Crucigrama de la Biblia: La Pascua

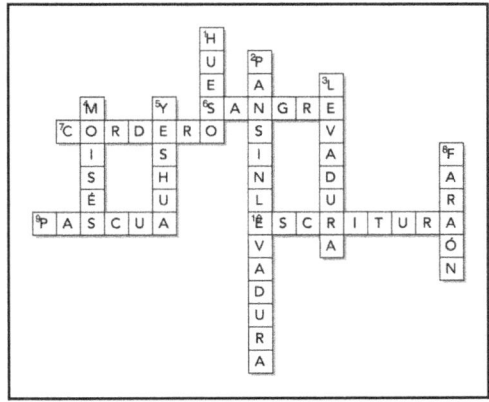

Hoja de trabajo: La comida de Pascua
1. "Hablad a toda la congregación de Israel, diciendo: En el diez de este mes tómese cada uno un cordero según las familias de los padres, un cordero por familia. Mas si la familia fuere tan pequeña que no baste para comer el cordero, entonces él y su vecino inmediato a su casa tomarán uno según el número de las personas; conforme al comer de cada hombre, haréis la cuenta sobre el cordero. El animal será sin defecto, macho de un año; lo tomaréis de las ovejas o de las cabras. Y lo guardaréis hasta el día catorce de este mes, y lo inmolará toda la congregación del pueblo de Israel entre las dos tardes. Y tomarán de la sangre, y la pondrán en los dos postes y en el dintel de las casas en que lo han de comer. Y aquella noche comerán la carne asada al fuego, y panes sin levadura; con hierbas amargas lo comerán" (Éxodo 12:3-8)
2. Pídales a los niños que respondan esta pregunta. Las respuestas pueden variar
3. Yah les dijo a los hebreos que comieran cordero, pan sin levadura y hierbas amargas

Hoja de trabajo: ¿Cuál es la palabra?
Y este día os será en memoria, y lo celebraréis como fiesta solemne para Yah durante vuestras generaciones; para siempre lo celebraréis. Siete días comeréis panes sin levadura; y así el primer día haréis que no haya levadura en vuestras casas; porque cualquiera que comiere leudado desde el primer día hasta el séptimo, será cortado de Israel. El primer día habrá santa convocación, y asimismo en el séptimo día tendréis una santa convocación; ninguna obra se hará en ellos, excepto solamente que preparéis lo que cada cual haya de comer. Y guardaréis el Tiempo Designado de los panes sin levadura,

porque en este mismo día saqué vuestras huestes de la tierra de Egipto; por tanto, guardaréis este mandamiento en vuestras generaciones por costumbre perpetua. En el mes primero comeréis los panes sin levadura, desde el día catorce del mes por la tarde hasta el veintiuno del mes por la tarde.

Sopa de letras de la Biblia: Fiesta de los Panes sin Levadura

Cuestionario de la Biblia: La Pascua y la Fiesta de los Panes sin Levadura
1. Fiesta de los Panes sin Levadura
2. Cuando los hebreos salieron de la tierra de Egipto, llevaron consigo pan sin levadura
3. La Fiesta de los Panes sin Levadura dura siete días
4. Fiesta de los Panes sin Levadura
5. A los israelitas se les dijo que honraran la comida de Pascua durante todas sus generaciones
6. Rey Ezequías
7. Josías honró la Pascua en Jerusalén
8. Pablo navegó a Troas
9. Yeshua alimentó a 5.000 hombres
10. Yeshua resucitó de la tumba en la Fiesta de las Primicias

Sopa de letras de la Biblia: La última cena

Palabras desordenadas de la Biblia: Los discípulos
Pedro, Andrés, Santiago, Juan, Felipe, Bartolomé, Mateo, Tomás, Santiago (hijo de Alfeo), Judas Tadeo, Simón y Judas Iscariote

Hoja de trabajo: Los líderes religiosos
1. El Sanedrín (Consejo Judío) no solo dictaba las reglas sobre la vida religiosa del pueblo judío, sino que también era gobernante y juez. El Sanedrín era el tribunal supremo del antiguo Israel, compuesto por setenta hombres y un sumo sacerdote
2. Los hebreos estaban cansados de las reglas y los altos impuestos romanos

Pregunta y colorea: Yeshua ante Pilato
1. Yeshua permaneció en silencio
2. La esposa de Pilato le envió un mensaje
3. Yeshua

Cuestionario de la Biblia: Muerte en la estaca
1. Pilato, el gobernador romano
2. Simón de Cirene
3. Gólgota
4. Rey de los Judíos
5. Dios mío, Dios mío, ¿por qué me has desamparado?
6. Dos criminales
7. Tres horas
8. Nicodemo
9. Lanza
10. Tela de lino

Hoja de trabajo para colorear: Crucifixión
1. La cortina (velo) en el templo
2. Un terremoto
3. El centurión y los guardias que estaban resguardando a Yeshua

Hoja de trabajo: Empareja las escrituras
"Padre, perdónalos, porque no saben lo que hacen" (Lucas 23:34)
"No conozco al hombre" (Mateo 26:72)
"Te conjuro por el Dios viviente, que nos digas si eres tú el Cristo, el Hijo de Dios" (Mateo 26:63)
"Tomadle vosotros, y crucificadle; porque yo no hallo delito en él" (Juan 19:6)

Hoja de trabajo: En la tumba
1. Pilato fue el gobernador romano
2. Pídales a los niños que respondan esta pregunta. Las respuestas pueden variar
3. El entierro de Yeshua cumplió con Isaías 53:9

¡DESCUBRE MÁS LIBROS DE ACTIVIDADES!

Disponibles para comprar en www.biblepathwayadventures.com

¡DESCARGA INSTANTÁNEA!

Libro de Actividades de Cuestionarios de la Biblia
Libro de Actividades de las 12 tribus de Israel
Aprendiendo Hebro: El Alfabeto Libro de Actividades
Libro de Actividades Festivos de Primavera
Bereshit | Génesis - Libro de Actividades con Porciones de la Torá
Shemot | Éxodo - Libro de Actividades con Porciones de la Torá
Vayikra | Levítico - Libro de Actividades con Porciones de la Torá
Libro de Actividades de las Fiestas de la Primavera